시의 가슴에 젖다

시의 가슴에 젖다

김진심 첫 시집

머리말

반평생 넘어
이렇게 가슴 뛰고
불면의 나날을 보내기는
제 생애 처음입니다.

돌다리를 건너가는
소나기의 소녀처럼
들꽃 다발을 안고
한발 한발 저 빛고운
하늘을 향해
까치발로 뛰어봅니다.

어렸을 적
여고 시절 푸른 꿈
무지갯빛 꿈을 보게 해주신
박종규 교수님께
무한한 영광을 돌리고
저를 아는 모든 분께
진심 어린 큰절을 올립니다.

감사함 속에 기쁨이 있고
그리움이 녹아 있습니다.

      2025년 2월 새봄을 기다리며
        시인 김 진 심

차 례

머리글/ 4

제1부 하늘이시여/ 11

사랑의 껍데기/ 13
매미와 오케스트라/ 14
시의 가슴에 젖다/ 16
인생사/ 18
매미와 손자들/ 20
하늘이시여/ 22
작은 화원/ 24
뻥튀기와 꼬맹이들/ 26
사행시_시인대학/ 28
매미의 일생/ 29
김장 스케치/ 30
할머니표 특허품/ 32
겨울 나그네/ 34
호박 예찬론/ 36

제2부 소리 없이 내리는 비/ 39

낙엽/ 41
멸치볶음/ 42
무지개가 된 딸아이/ 44
친구와 고추밭/ 46
아버지의 등/ 48
남편의 부작용/ 50
여고 시절/ 52
자화상/ 54
첫눈아 내려라/ 56
사과를 처음 맛보던 날/ 58
소리 없이 내리는 비/ 60
냉이된장국/ 62
보랏빛 꿈/ 64
얇은 종이의 교훈/ 66

제3부 따뜻한 말 한마디/ 69

늦가을 장미/ 71
그리운 장 선생님/ 72
나의 묘비명/ 74
따뜻한 말 한마디/ 76
도토리와 추억/ 78
내비게이션은 동반자다/ 80
그저 웃는 부부/ 82
참 기분 좋은 하루/ 84
떨켜를 늦추는 단풍나무/ 86
민들레 홀씨 되신 어머님/ 88
새벽달/ 90
꿈꾸는 목련/ 92

제4부 호박잎 개떡/ 95

꽃씨를 받으며/ 97
호박잎 개떡/ 98
가족사진/ 100
키 작은 감나무/ 102
국어 선생님과 시/ 104
로맨스그레이/ 106
어머니의 똥지게/ 108
보슬비 오는 소리/ 110
동두천행 지하철/ 112
소똥과 말똥구리/ 114
셋방살이/ 116
구멍가게 이웃사촌 할머니/ 118
여고 동창생/ 120
그저 웃는 부부/ 122

맺음말/ 124

제1부 **하늘이시여**

사랑의 껍데기
매미와 오케스트라
시의 가슴에 젖다
인생사
매미와 손자들
하늘이시여
작은 화원
뻥튀기와 꼬맹이들
사행시_시인대학
매미의 일생
김장 스케치
할머니표 특허품
겨울 나그네
호박 예찬론

사랑의 껍데기

사랑이라 믿었는데
껍데기만 움켜잡았다

사랑이 떠나고 난 자리에
남아 있는 건
껍데기인가, 껍질인가

공허함에 머리는 휘청휘청
속살이 해 맑은 알맹이는
어디로 간 것일까

공중으로 튀었나
땅속으로 숨었나
허공에 떠도는 애증의 그림자여

매미와 오케스트라

아침부터 온 천하 호령하는 소리
맴맴맴 맴맴
귓전을 아리게 만든다

유리창 너머
그 소리 찬란하구나

반짝이는 포플러 숲속에
오케스트라의 향연이
펼쳐지는 한낮
벌 나비도 숨을 죽인다
꽃들도 잠시 눈을 감는다
솔바람도 쉬고 있다

긴 여름
푸른 진액을 토해내는
아픔으로 공연한다
그대는 불타는 하늘지기였구나

시의 가슴에 젖다

몇십 년 만에 낯선 펜을 들었다
글쓰기에 대한 열정을
내 안에 꽁꽁 숨기고 현실과 타협했다

아름다운 시
가슴을 적시는 시
영화의 한 장면처럼 나타내려면
어디론가 자취를 감춰버리고 마는
나의 무딘 시여

언제쯤 나만의 색깔이 묘사될지
추적추적 내리는 가을 빗소리
형형색색 가을 단풍
늦가을 미련에 떨고 있는 장미
시의 가슴에 담고 싶다

무르익는 파란 열정으로
푹 적시고 싶다
시인의 마음을 닮고 싶다

인생사

종갓집 맏며느리가
두 딸을 내리 낳았다

시어른들의 기대에
부응하지 못했다는 죄책감으로
고개도 들지 못했다

애타게 기다리던 세 번째로
사내아이가 태어났다.

며늘 아가야!
진짜 아들 손자 맞나?
고추가 맞나
대답도 못 하고 봇물같은
눈물만 몇 동이 쏟았다

그 이튿날 시골 동네엔
돼지 잡고 시끌벅쩍했다
개구쟁이 아들 멋잇게 성장하여
이 어미에게 효도하며 살고 있다

죽을 것처럼
가슴 도려내는 아픈 날도 있고
어느결에 꽃 피는 봄이
손님처럼 찾아오기도 하는…
인생사란 이런 것이었던가

매미와 손자들

훅훅 찌는 여름 한나절
밤톨만 한 외손자들이 왔다

할머니 매미 잡아 주세요
손자들 손에는
매미 채가 들려있었다

어린 손자들을
벚나무 숲길로 인도했다

맴맴맴 맴맴
귀청이 떠나갈 듯
그 소리를 따라
도둑고양이처럼
나무 둥지로 다가갔다

온몸이 굳어진
노구의 할머니는
얕은 곳에서 붙어 우는 매미를
손아귀에 넣었다

맴맴 소리도 멈추고
손아귀에서 울리는 떨림판 소리

매미를 다시 살려주자
매미도 무지 힘들었다는 듯
허공을 가르며 탈출하는 매미의 용트림
로켓 발사보다도 더 빠른 매미의 몸놀림

매미야 안녕 안녕
손자들의 함성이 파랗게 울려 퍼진다

하늘이시여

곱디고운 아이가
천사가 되어 날아간 날
하늘도 아팠는지
사흘 내내 뇌성벽력에 울었다

죄 많은 어미
하늘 한 점
올려다보지도 못한 채
그 여린 영혼을 보내야했다

하늘이시여
굽어살펴 주시옵소서
아픔이 없는 천상으로
인도해 주시옵소서

딸이 천사 되어 날아간
요즘 하늘은 더없이 짙푸르다
내 눈물도 청잣빛을 닮아가고 있다

작은 화원

단잠을 못 이룬
초여름 이른 새벽
작은 문 제치고 화단을 살핀다

틈틈이 씨를 뿌려 가꾼 나만의 화원
갓 피어난 청보라색 나팔꽃이
덩굴손 흔들며 반갑다고 소리친다

앉은뱅이 채송화도
고개를 쳐들고 안부를 묻는다
노랑 분홍 흰색
한복 입은 여인의 모습이다

귀퉁이 분꽃도 깔깔거리며
초록 씨방을 물고 방글거린다
어딘가 쓰리고 아플 때
들여다보며 치유하는
나만의 작은 보석들
잠시나마 그들 속에서 도인이 된다

건강한 벌 나비 되어
하얀 날개로 날고 싶다

뻥튀기와 꼬맹이들

구정 보름 전
시골 마을에 뻥튀기 아저씨가 떴다

둘둘둘 돌려대는 풍구와
뻥튀기를 튀겨 담는 커다란 철망 주머니
맷방석을 가지고 용사처럼 떴다

촌마을 아녀자들의
발길이 갑자기 바빠진다
겨우내 아껴 두었던
쌀 콩 옥수수를 담은
자루들이 나란히 서 있다

빨리 뻥튀기 맛보고 싶은
간절한 마음에
뻥 아저씨 주변 납작 쪼그려 앉아
초조히 기다린다

'뻥'이요, 귀막아라.
큰소리와 함께
요술같이 터져 나오는 곡식 낟알들
달콤 고소한 맛에 반한 꼬맹이들
노닥노닥 기운 스펀지 잠바 입고
뻥 소리에 기절초풍
자지러졌던 그 꼬맹이들
모두 어디로 갔나
오늘따라 뻥 아저씨가 그리워진다
귀막이 조무래기들도 보고파진다

사행시_시인대학

시/ 시가
　　무엇인지도 전혀 모르고

인/ 인간의
　　세계를 깊이 알고자

대/ 대인 같은
　　마음과 감성을 배우고자

학/ 학교에 입학하여
　　천 번이고 만 번이고
　　잘될 때까지 쓰고자 합니다

매미의 일생

수년간 어두운 땅속에서 애벌레로
나무뿌리의 수액을 짜 먹으며
인내하고 고대하며 지상으로 올라와
성충이 되는 너
겨우 한 달간의 삶을 살고자
형벌을 감내하며 견디었던가

정해진 짧은 생에
베토벤 버금가는
음악가가 되고자
최선을 다해 살고자 했던 너!
정녕 여름의 전령사였던가

김장 스케치

네 남매 다 모인 시댁의 김장 날
허리통 튼실한 배추 백 포기
왕소금 술술 뿌려 여행 보내고
황토밭 투박한 무
우물물에 목욕시킨다

팔도 양념 집합해서 차렷 경례
붉은색 초록색 흰색 자색
총천연색 물감들
한바탕 꽹과리
춤사위가 아우러진다

왕소금에 여행 보낸
배추 불러 모아
사랑 한 점
이해 한 점
힘내라 용기 한 점
속내를 채워 나간다

앞마당 장작불 가마솥엔
구수한 소머리탕이
밤 깊은 줄 모르고 설설 끓고
움츠러든 어깨
이제야 활짝 펴지겠구나.

할머니표 특허품

구정을 맞이하는
초로의 종부 척박한 살림살이
호랑이가 물어갔음 좋은 명절
흘러가는 세월
허리 끝에 매어 달고
할머님의 명절 준비 시작되었다

볶아놓은 쌀가루 콩가루
송홧가루…
갈무리해 둔 조청과 꿀물에 반죽하신다

깊은 겨울밤
찬바람에 문풍지는 바르르 떨고
노 할머니 곁에
쪼그려 붙은 어린 손주들
한땀 한땀 한과 빚는
명장의 솜씨가 빛난다

타닥타닥 덜커덕
나무틀에서 거문고 소리가 들린다
예술품이 탄생한다

쌀다식 콩다식 샛노란 송화다식
종부의 거친 손에서 빛을 발한다
그 맛은 할머니의 아련한 사랑
시대를 거스르는
할머님의 명과 중 명과 탄생

겨울 나그네

노을빛 찬란하다
노을빛 황홀하다

사방이 눈으로 덮인 깊은 겨울
날카로운 산등성이
얼음 덮인
수정알 같은 호숫가

깃털 나부끼는
두 마리의 고니
차가운 얼음 강 위에
긴 부리 내어 물고
나란히 서 있네

먹이를 찾아
어디로 가야만 하나
머나먼 눈빛으로
서로의 체온을 부여잡고
오누이 겨울 나그네는

어디로, 어디로
가야만 하나

호박 예찬론

가을 들녘에 뒹구는
애호박을 땄다

어릴 적 오라버니들이 말한
미운 호박이 아니다
여리디여린
윤기 나는 귀여운
초록 요정

호박은 참 숭고하다
애호박은 기력이 약한 자에게
참기름 달달 볶아
죽을 쑤어 먹이고

늙은 호박은
시루떡 속에 넣어
풍미와 달콤함을
안겨주지 않았던가

우리 서민의 배를 채워
용기와 힘을 주기에 적극 예찬한다

호박아, 호박아
아니 뙘박아
어릴 적 놀리던 두 오라버니
호박 같은 질박함으로
이 세상 잘 살아내고 있답니다

제2부 소리 없이 내리는 비

낙엽
멸치볶음
무지개가 된 딸아이
친구와 고추밭
아버지의 등
남편의 부작용
여고 시절
자화상
첫눈아 내려라
사과를 처음 맛보던 날
소리 없이 내리는 비
냉이된장국
보랏빛 꿈
얇은 종이의 교훈

낙엽

인적이 드문 공원으로 나갔다
모든 거 다 내려놓고 거닐었다

가을이 저만치 오고 있다
잎새들은 무지갯빛 옷을 입고
저마다 고운 자태를 뽐내고 있다

봄날 아기 볼 같은 신록
여름날 매미들의 보금자리
가을 울긋불긋 화려함의 절정
겨울 앙상한 뼈만 남기고
어디로 가는 건가

사람의 일생과
다르지 않구나!

멸치볶음

네 살 여섯 살
보고 싶던 외손자들 몰려왔다

밥상을 차렸다
감자볶음 계란말이
돼지고기 장조림, 멸치볶음…

멸치볶음이
두 손자 수저 위에
수북이 놓인다

할머니 짱
멸치과자 짱
푸른 바다의 정기를
흠뻑 즐기는 아이들!

두 늙은이만
숨 쉬는 공간에
갑자기 터져 나는 신선한 공기

손자들이 제집으로 돌아갔다
멸치를 먹으며
깔깔대던
그 모습 환영 되어
자꾸자꾸 그리워진다

무지개가 된 딸아이

작은딸이 하늘로 훌쩍 떠나갔다
무엇이 그리도 급해
작년 오월
무지개 타고 가버렸다

1년 365일
하루하루 뜬눈으로
온밤을 지새웠다

꿈에라도 보이려나…
보이질 않고
가슴 찢고 찢으며
폭풍우 속에서 절규하였는데

뇌성벽력 치던 하늘이 잠잠해지며
드디어 동녘 하늘에
고운 무지개가 등장했네

그토록 갈망하던 딸애가
하얀 비단 날개옷 입고
미소 짓고 있었다

잘 있어, 걱정하지 마
예쁘게 손을 흔들고 있었다

언제 다시 또 만나보려나
눈에 넣어도 안 아픈
내 딸아!

친구와 고추밭

사회에서 만난
고향이 같은 친구
수십 년간 만나오던 친구보다
번개처럼 가까워졌다

둘이는 시댁 고추밭에 갔다
황혼 녘 들판에서
밀레의 만종을 떠올렸다

한알 한알 붉은 고추
빛나도록 여린
푸른 애 고추도 따며
이야기꽃을 피운다

시간이 너무 빠르다
고추알보다 많은 얘기와 함께
밭둑에 텁석 앉는다

황금빛으로 물들어가는 저녁노을
방금 딴 튼실한 고추들
시원한 가을바람
시인이 여기에 있구나

우리 곱게 늙어 가자꾸나!
욕심 버리고 건강하게 예쁘게 살자꾸나!
고마운 친구야

아버지의 등

아들, 아들 타령하던 집안에
딸로 태어났다. 내가…
불면 날아갈까 쥐면 터질까
아버지는 나를
애지중지 키우셨다

세 살 때 엄마가 지어주신
색동옷 입은 나를 보고
달덩이처럼 예뻤다고 하셨다

일에 지친 아버지는
고단한 몸인데도 나를 업고
둥기둥기 마당을 도셨고
까칠한 수염으로 내 볼에 입맞춤도 해주셨다

나뭇등걸 같았던 야윈 아버지의 등
아버지의 향기
내 아버지

이제는 이 딸이 업어드리고 싶은데
어디에 계십니까
오늘따라 아버지가 뼈저리게 그립다

남편의 부작용

멀쩡하던 남편이 온전히 미쳐버렸다
소중한 딸이 연기로 사라진 후
더듬더듬 어눌해진 말투
무슨 말 하는지 도대체
걸음도 갈 之 자로 걷는다

소뇌가 작용을 못 한다는
의사 소견이다
2년 전만 해도
깎아놓은 밤처럼 반듯했던 남편

가을바람 낙엽처럼 스러져
내 앞에 앉아 있네.
엄마 찾는 어린아이처럼
아내만을 찾는다

나는 오늘도
남편을 보듬는다
남편에겐 내가 온 우주이다

여고 시절

양 갈래머리
풀 먹여 다린 교복 칼라
동그란 눈망울
화장 안 해도 사과 같은 얼굴
타임머신 타고
여고 시절로 돌아가 본다

꿈과 희망
그리고 가능성…
교정에 갈무리해 두었던
맑고 푸른 시절

교련복 입고
삼각대 매던 친구들
숙아, 옥아…
다 어디 갔니

여보, 뭐해
꿈속에서 깨어나니
나는
칠십을 바라보는
시인 할머니

자화상

거울을 본다
초점 잃은 낯선 얼굴
누구인가

새악시 수줍은 볼은
누가 데려갔나
낯선 노인네가
날 들여다본다

예쁘게 한 겹 화장한다
골 팬 이마에 마사지해 본다
영양 크림도 듬뿍 바른다

공허한 마음을
날줄과 씨줄로
채워가리라!

첫눈아 내려라

초라한 나의 창가에
사그락사그락
육각의 선녀들
꽁꽁 얼어붙은 영혼에
솜이불 너울너울 덮어주고
안아주고
백설기처럼
푹신한 첫눈이 내린다

이 겨울 첫눈과
다시 태어나자
무작정 첫눈 맞으러 나가보자
희망의 푸른 메시지라도 들어보자

두 팔 벌려
하늘 향해
첫눈을 품자
첫사랑을 만들자

사과를 처음 맛보던 날

위로 오빠 둘
밑에는 골골거리는 여동생
가운데 틈새에
개밥에 도토리였던 나
맛있는 음식이 있는 날엔
늘 뒷전이었다

사과를 처음 맛보던 날은
초등학교 2학년 겨울
시오리 길 시골 장터였다

시장 좌판
둥글둥글한 것이
산더미처럼 쌓여있어 놀라웠다

작은어머님 손에 이끌려 맛본
푸른 사과의 맛
그 맛에 매료된 촌뜨기 꼬맹이는
배탈이 났다

오빠 여동생 몰래 먹었던
꿀맛의 사과
요즘 먹는 잘생긴 빨간 사과는
왜 그 맛이 안 날까
그때 그 사과 맛
다시 맛보고 싶다

소리 없이 내리는 비

비는 소리 없이 내려
모든 것을 젖게 한다

새봄에 아기같이
피어나는 새싹도
한여름 붉게
피고 지는 칸나의 열정도
시나브로 떨어지는 낙엽들도

모두 다 적신다
소리 없이 적신다
나의 꿈도 절망도
사랑의 기억조차도
무디게 적셔온다
내 마음도 함께

햇볕에 내다 걸어
보송보송
거풍을 시켜야겠다

냉이된장국

문풍지가 파르르 떤다
두 손 깊숙이
호주머니에 손을 묻고
시장 좌판을 뒤졌다

오밀조밀 붉은색을 띤 냉이가
제법 구미를 당긴다
어렸을 적 할머니가 끓여주신
구수한 냉이된장국이 맴돌아
한 소쿠리 사가지고 왔다.

삶아 데친 파란 냉이에
구수한 된장 몇 수저
고춧가루 술술 뿌리고
마늘 몇 알 부수고
대파 송송송
뽀오얀 쌀뜨물 받아

냉장고 한켠에 쉬고 있는
생굴 몇 알 넣고 팔팔 끓인다

온 집 안 구석구석 울려 퍼지는
봄의 교향곡
냉이된장국은 왈츠가 되어
폴짝폴짝 향내가 진동하고
온 식구 모여 옹기종기
새봄을 먹는다
한겨울에 맛보는 봄의 왈츠

냉잇국은 사랑이다
겨울과 봄을 이어주는
사랑의 오작교다

보랏빛 꿈

이 겨울
마지막 몸짓이련가
이른 아침
칼바람에 나부끼는
너의 덩굴손

메마른 목소리가
바람의 소리처럼 서걱 거린다

마지막 미련을 못 떨구고
맨들맨들한 씨방을
부여잡고 있었나

뽀얀 속살을 감싼
검디검은 화석
한여름 화려한 날은
어디로 보냈을까

보랏빛 꿈은 어디에
젊고 고운
그대의 모습
다가올 새봄을 꿈꾸며
아름다운 날개를 펴겠지

찬 바람 부는 언덕에서
나는 너의 씨앗을
고이 갈무리한다

詩作노트/ 옅은 보랏빛 꽃을 피우고 있는 나팔꽃을 옆에서 지켜보며 쓴 시임.

얇은 종이의 교훈

순백의 종이에 손을 베었다
베인 자리에 피가 나더니
쓰리기까지 한다

프린터기에
들어갈 종이 뭉텅이를
급히 만지다가
불상사가 일어날 줄이야

아무것도 아닌 일
가벼운 일이라
생각도 못 한 일

나도 누군가에게
얇은 종이처럼 대해
그들에게 마음의 피를
흘리게 하지 않았을까

무게가 없는 가벼운 행동
가벼운 말 한마디에
상처받진 않았을까
돌이켜 본다

제3부 따뜻한 말 한마디

늦가을 장미
그리운 장 선생님
나의 묘비명
따뜻한 말 한마디
도토리와 추억
내비게이션은 동반자다
그저 웃는 부부
참 기분 좋은 하루
떨켜를 늦추는 단풍나무
민들레 홀씨 되신 어머님
새벽달
꿈꾸는 목련

늦가을 장미

양귀비 보다
클레오파트라 보다
더 요염한 자태

벌 나비
숨죽이듯 살포시 날아온다
도도한 아름다움 비할 데 없는 그 향기
늦가을 소슬바람에 날려 보내는 밀어

곧 겨울이 온다고 빨간 꽃잎에
가시 몇 점 앞세우고
마지막 불타는 아름다움
늦가을에 발산한다

그리운 장 선생님

한 점 한 점 깊어 가는 가을
인생의 후반기를 달려가는
갈래머리 여고생

수업 시간
선생님은 나의 우상이었고

아름다운 시와
생활 속의 감동 어린 수필과
옛시조의 풍류를
알뜰히 배웠습니다

지금은 어딘가에서
아름다운 노년을 보내고 계실
장 선생님
시처럼 고우셨던 선생님
눈시울 젖어 창밖을 내다봅니다

노란 은행잎 하나가
공중을 배회하다 툭 떨어집니다
선생님 생각에
그리움 한 장 툭 떨어집니다

나의 묘비명

아름다웠던 시간
슬프고 슬펐던 시간
모두 다 내려놓고
나 하늘로 갑니다

모두 모두 행복하세요
존경하는 부모님과
예쁜 딸아이 만나러
영원한 여행을 떠나고자 합니다

후회는 안 합니다
쉴 틈 없이 살았으니까요
한 번쯤 아니 가끔이라도
기억해주셨으면 좋겠어요

따뜻한 말 한마디

절망의 바다에서 허우적거렸습니다
앞도 보이지 않는 칠흑 같은
어둠 속에서 꼼짝하지 않고 울었습니다

여기가 어딘지
내가 왜 울고 있는지
눈물도 메말라 버렸습니다

침잠의 바닷속에 가라앉아 있을 때
한줄기 가는 빛이 나를 흔들어 깨웠습니다

이제 일어나야 한다고
방황하지 말라고
당신은 살아야 한다고
여기서 포기하면 안 된다고
주님의 따뜻한 말 한마디에
세상 밖으로 나왔습니다

어머님의 품처럼
포근했습니다

도토리와 추억

풀뿌리 같은
삶을 살아오신 어머님은
도토리를 따러 가실 때
어린 나를 동행하셨다

당신의 몸보다
더 큰 떡메를 지고서
상수리나무 허리 부분을
떡메로 탕탕 사정없이 치셨다

후루룩후루룩
장대비같이 쏟아지는
갈색 도토리들
그 속에 숨어있던
몇십 마리 왕통 벌들의 반란
어린 나에게 달려들었다

머리 등 얼굴에다
사정없이 침을 난사했다
이튿날 나는 결석을 하였다
벌에 쏘인 얼굴은 가관이었다

퉁퉁 부은 두 눈은
꽉 잠기고 얼굴은 쿤타킨테를 방불케 했다
머릿속은 얼이 빠져 빙빙 돌았다
6년 개근상이 정근상으로 바뀐 설움 때문에
어린 나는 시름시름 앓았다

이 가을
도토리만 보면
가슴 아린 그 시절이 생각나
가슴이 먹먹해 온다

내비게이션은 동반자다

어느 곳이든
함께하는
언제나 한결같은 그대

나의 하소연
재잘거림에도
무심한 듯
발걸음만 재촉하고

나의 동동거림
아랑곳하지 않고
평정심 잃지 않는 그대

나의 이끌림에
너의 이끌림에
너와 나는 사이좋은 동반자

그저 웃는 부부

남편은 다시 어린아이가 되었다.
삼 년 전부터 조짐이 보이더니
이내 다시 어린이가 되어 돌아왔다

목소리는 어눌어눌
무슨 말을 하는지
귀를 내어 걸어도 모르겠다
영어인지 우리말인지 불어인지

눈길이 마주치면
그냥 말없이 둘이
그저 웃는다

몇십 년 살아온 부부가
콩이냐 팥이냐
가리고 살아 무엇하겠는가

다시 또
내일은 살아내기 위해
그저 웃음으로
하루를 시작하고 마치는 게
남편에겐 최선인가 싶다

우리 부부의 울음은
이미 잠이 들었다

참 기분 좋은 하루

햇살이 제법 다사로운 정오
남편의 몸을 부추기며
운동을 서둘렀다
아까운 햇살이 이내 꼬리를 감출까 봐

맑은 샛강
수정 같은 얼음 사이로
쌍쌍 지어 노니는 물오리 세 쌍

유난히 아름다운 깃털을 뽐내는
수컷의 뒤를 따르는 암컷들
한 쌍은 유독 자맥질이 뛰어나다
물속에 거꾸로 몸을 솟구치며
그 무언가를 잡고 있다

몸이 부자연스런 남편은
그들의 생동감을 체험한다

남편의 아픔도
저 물살에 유영하는 물오리들처럼
자유롭게 되길 소망해본다

오늘은 참 기분 좋은 겨울의 하루
한줄기 지나가는 바람도
봄 내음을 실어다 준다

아, 오늘만 같아라

떨켜를 늦추는 단풍나무

초겨울 오후
털코트 주머니에 손을 묻고
늦은 외출을 서두른다

놀이터 근처
환하게 등불을 켜고 있는 단풍나무

다섯 손가락 나비 떼가
나폴 대는
겨울꽃의 향연

곁에 있는 은행나무는
빈 가지에 맨몸만
사그락거리는데
자식들을 떠나보내기 안쓰러운
단풍나무는
떨켜를 외출시켰나 보다

더 보고픈 그리운 애증에
떨켜를 숨겨놓았나

더 아름다운
새봄의 재회를 위해
이젠 떨켜를 내어 보이렴.

너의 눈물 나는 사랑에
내 눈물도 겹쳐지는구나!

민들레 홀씨 되신 어머님

평생
바람 부는 언덕배기에서
흰머리 날리시던 어머님

민들레 홀씨 되어
흩어져
날아가신 어머님

그 먼 나라에선
평안하신지요?

반백 년이 훌쩍 지난
이 여식
어머님 모습 그대로
민들레 홀씨가 되었습니다

새봄에 고운 모습으로
학처럼 날아오십시요
그때는 방 안 가득
따사로운 햇살 되어
찾아오셨으면 좋겠습니다

새벽달

아파트 숲속 아득한 곳에
하얀 미소를 보았습니다

밤새 뜬눈으로
밤을 지새운 나에게
보내준 고귀한
선물이었습니다

세상살이 힘들고 아프지만
그래도 한 가닥
희망이 있노라고
푸른 메시지로
아름답게 떠 있는 그대

그대 때문에
오늘이 아름답습니다

꿈꾸는 목련

도시의 콘크리트
가로수 옆길
칼바람 세례를 받으며
전령처럼 서 있는
그대이름은 목련

봄은 아직 까마득한데
성급한 꽃눈은
버들 강아지를 닮아
토실토실 여물고 있구나

거센 바람 눈보라
얼굴을 할퀴어도
아름다운 봄날
연미색 날개옷 입고
연주할 그날을 꿈꾸며

오늘의 이 아픔
의연한 몸짓으로
바람결에 흘려보낸다.

제4부 호박잎 개떡

꽃씨를 받으며
호박잎 개떡
가족사진
키 작은 감나무
국어 선생님과 시
로맨스그레이
어머니의 똥지게
보슬비 오는 소리
동두천행 지하철
소똥과 말똥구리
셋방살이
구멍가게 이웃사촌 할머니
여고 동창생

꽃씨를 받으며

가을이 무르익어갈 때면
내 손길은 바빠진다

겨울을 맞이하기 전
마지막 몸짓을 서두른다

햇살 좋은 이른 아침
씨앗 하나하나 소중하게
바람에 날아갈지 두려운 마음에
고아 고이 두 손 모아
봉지에 담는다

내 자식 키우듯
영원한 생명체
내일을 향한
나의 꿈이렷다.

호박잎 개떡

오늘따라
어머니 개떡이 그립다

심한 몸살감기 고열로 시달리던 어느 날
눈만 퀭하니 쓴 물 고인다

입맛은 어디론가
숨바꼭질
쓰디쓴 소태
섬광처럼 스치는 깨달음

어머니 특허품
호박잎 깔고 그 위에 투박한 개떡
다 낡은 베 보자기
김 펄펄 나는 호박잎 개떡

초록으로 감싼 노란 얼굴
입속에서 흥겨운 춤 한바탕
식소다 조금, 막걸리 한 대접
신선한 공기 몇 줌
사랑 무한대
내 어머니표 개떡

반백 년 지나도
사무치는 어머니 냄새
한 조각, 딱 한 조각만

병든 소가 벌떡 일어나듯
옹골차게 일어날 텐데
오늘 어머님의 개떡
사무치게 그리워진다
가슴 젖는다

가족사진

두 늙은이만 사는
아파트 거실에 걸린 가족사진

노부부 사이사이 아이들 셋
백합같이 예쁜 두 딸
의젓한 막내아들

항암치료 시작하기 전
마지막이 될 줄 몰랐던
둘째 딸아이의 사진
맨 앞줄 박꽃처럼
환하게 웃고 있다

낮이고 밤이고
그 아이 나를 보고 있다
엄마 어디 다녀오시나요?

목울대 뜨겁게 떨리며
나와 대화를 한다
고생고생하며 키운 1남 2녀
한 치 앞도 모르는 인생
그 아이의 사진 앞에
빨간 장미꽃 꽂아둔다

언제부터인가
이가 빠진 가족사진
다시 채울 수 있을까

갈대처럼 휘청이는 오후
내 마음 산산조각
노을로 물든다
하얀 낮달이 나를 내려다본다

키 작은 감나무

빠알간 고추잠자리 춤춘다
시골 밭둑
찢어질 듯 매달린 힘겨운 홍시들
한여름 지루한 장마 잘도 견디더니
튼실한 열매가 주렁주렁 소쿠리 한가득
햇살 몇 줌
바람 만 가닥
신선한 공기 무제한

작은 나무
늦가을 꽃이 만발
붉게 타는 노을 잔치
한 점 한 점 농익어 가더니
맨 꼭대기 진홍빛 물감 터질락 말락
바람 불고 된서리 내려도
인고의 세월 낚는다

까치 손님 기다리는
창공의 여심
그런대로
인심은 살아있다

국어 선생님과 시

학창 시절 국어 선생님을 흠모했던
갈래머리 여학생

반듯한 이마 갸름한 미인형
시를 애송하시는 낭랑한 목소리
매료된 갈래머리 그는
국어 시간을 애타게 기다렸다

일각이 여삼추
시란 무엇이길래
내 마음 까지 훔쳐 간단 말인가?

그 시절
청록파 시인들의 시를
가슴으로 느끼고 흉내 내보려
어설프게 더듬더듬
나이테가 하나하나 늘어나서야
뒤늦게 시인대학에 입학

아름다운 시, 슬픈 시…
내 맘에 살포시 잉태할지
언제나 풀리지 않는 수수께끼로구나

로맨스그레이

풋사과처럼 싱싱한 시절
삼 남매 낳아 잘 키우고
남편 내조 잘하고
시부모 친정 부모님께 효도하고
알뜰살뜰 보금자리 하나 가까스로 장만

현모양처가 꿈이었던 나
그 꿈을 접고
직업전선에 뛰어든 지 몇십 년
콩나물 한 줌도 아끼며 살아온 젖은 나날들

이젠 기계가 고장 나듯
여기저기 삐그덕거린다

인생의 종착역으로
세월이 데려다준다

황혼이 지기 전 늘 갈망해 왔던
시인대학에 첫발을 디뎠다
늦었지만 걸음마를 다시 걷는다
로맨스그레이를 꿈꾸며
인생의 종착역
뜨겁게 뜨겁게
두 팔 벌려 맞이하련다

어머니의 똥지게

여섯 살 된
어린 딸 눈에 비친 내 어머니
아버지가 입으셨던 구멍 숭숭 러닝셔츠
다 찢어진 걸 걸친 어머니

작은 키에
인분통을 짊어지고
새로 일군 빨간 산밭으로 가셨습니다

냄새 풀풀 나는 인분
한 바가지씩 호박포기 밑동아리에 끼얹으셨습니다

어머니가 어찌나 싫었던지
그냥 무서웠습니다
인분통도 산산조각 내고 싶었습니다

내 어린눈에 비친 어머님 모습
들짐승 그 자체였습니다
어머니 목이 멥니다

고운 옷 한 번도 못 입으신 내 어머니
못난 딸이 엎드려 술 한잔 올립니다

다시 오시면
고운 옷 입혀 드릴게요

보슬비 오는 소리

새벽 두 시
천형 같은 불면증
고운 자식을 먼저 떠나보낸 후유증인가

거꾸로 세는 숫자
백 아흔아홉 아흔여덟…
드디어 하나
대문을 박차고 나섰다

거짓말처럼 내리는 보슬비
찢어진 상처 위로
새살이 돋듯
위로의 비가 내 영혼을 적신다

침묵의 비
반창고도 없이
응어리진 상처
아무도 없는 공원을 거닐었다

몽유병 환자에게
내리는 치유의 비인가
그렇다
보슬비는 생명의 단비

동두천행 지하철

동두천행 지하철
영등포에선 늘 만원이다

까치발로
세상 밖을 훔쳐본다
속세의 진풍경
남녀노소 표정도 가지가지

지루함 허공에 소풍 보내고
살아있는 오감을 만끽한다

알싸한 공기
한산해진 도봉산역
스치듯 커다랗게 안기는 도봉의 능선
장엄한 교향곡이 튀어나올 듯하다

웅장함에 동공 지진
어느새 동두천역 도착
함박꽃처럼 반겨주는
유년 시절 고향 언니

지하철은 낭만이다
사랑의 열차다

소똥과 말똥구리

할아버진 손녀가
예쁘셨나 보다
소 등에 어린 손녀 태우고
논 갈러 가신다

이랴, 이랴 워워
암소는 버거움에 지레 똥까지 싼다
푸덕푸덕

검푸른 빛으로 토해내는
똥 무더기
냄새에 자지러진다

여물 냄새
바랭이풀 냄새
며칠 후
같은 또래 남자애가 말똥구리를 잡았다

우리 소가 싼 똥 속에서
나무 꼬챙이로 건진 보석, 신비로웠다
새까만 말똥구리는 더듬이로 밤톨만 한
소똥을 이리저리 굴린다

차돌 같은 말똥구리의 공굴리기
그것은 말똥구리의 숙명이었다

셋방살이

아이들이 다 떠난
빈 아파트
빈 둥지에
두 늙은이만 덩그러니
오수에 졸다 깼다 한다

꿈속에 보이는
구로구 시흥동 3층 집
아이 둘을 낳고 살았던 곳
덤으로 시골서 시동생 둘까지
지지고 볶았던 그 시절
비좁고 분잡했던 두 칸짜리 방

아랫방 승철이네
문간방 은진이네
비 오는 날엔 부침개 몇 장
깔깔깔 담장 넘는 웃음소리

예쁘게 커가는
토끼 같은 두 딸
피아노 학원에 안 가겠다는 큰딸아이
수수 빗자루 두 동강 나도록 두들긴 어느 겨울날

눈물로 얼룩진 그 시절
반평생 넘게 지내다 보니
셋방살이는 사랑이었다
추억이고 다시 못 올 그리움이었구나!

구멍가게 이웃사촌 할머니

이 동네로 이사 온 지
어언 30년
부모님을 다 여의고
텅 빈 세상 시리디시린
가슴을 부여잡고 살아왔다

푸른 하늘을 올려다볼
용기조차 없었고
땅만 내려다보며
눈 가장자리는 늘 축축해졌다

구순이 다 되어가시는
구멍가게 할머니가 부르셨다

가을 햇살을 잔뜩 품은 고구마 한 봉지
손수 말리셨다는 달큰한 태양 고춧가루
새로 딴 알토란, 배 두 개

구멍 숭숭 뚫린
내 가슴에 안겨주신다
꿈에도 못 잊을 친정어머님의
그 모습 그 향기로
할머니는 내게 다가오셨다

각박한 도시에서
왠 횡재란 말인가?

시들어가는 나에게
삶의 맛을 느끼게 해준
이웃사촌 구멍가게 할머님
오늘도
나는 구멍가게를 기웃거린다

여고 동창생

좋은 일 보다는
슬픈 일이 있을 때
뼈저리게 아픈 일 있을 때
천 리 길 마다 않는
여고 동창생

꼭 연락하지 않아도
텔레파시가 통했던 것일까

산 넘고
바다 건너
봄 내음 싣고
찾아오는 친구야

너의 기쁨
나의 슬픔
삶의 소용돌이 속에
메아리칠 때

따뜻한 손길로
어루만져 주는 그대는
나의 영원한 동반자

그저 웃는 부부

남편은 다시 어린아이가 되었다
삼 년 전부터 조짐이 보이더니
이내 다시 어린이가 되어 돌아왔다

목소리는 어눌어눌
무슨 말을 하는지
귀를 내어 걸어도 모르겠다
영어인지 우리말인지 불어인지

눈길이 마주치면
그냥 말없이 둘이
그저 웃는다

몇십 년 살아온 부부가
콩이냐 팥이냐
가리고 살아 무엇하겠는가

다시 또
내일은 살아내기 위해
그저 웃음으로
하루를 시작하고 마치는 게
남편에겐 최선인가 싶다

우리 부부의 울음은
이미 곤히 잠이 들었다

맺음말

원석을 갈고 닦아서
시의 가슴에 푹 젖고 싶습니다

앞으로
풀무질도 하고
다림질도 해서
눅눅한 詩밭을
진정성 있게
가꾸어 가겠습니다.

하늘나라에서
아낌없는 성원을
보내주고 계신
저의 부모님
사랑하는 예쁜 딸아이 영전에
이 시집을 바칩니다.

                    2025년 춘삼월 봄바람 부는 날
                              시인 김 진 심

시의 가슴에 젖다

초 판 인 쇄	2025년 03월 07일
초 판 발 행	2025년 03월 14일
지 은 이	김진심
발 행 처	다담출판기획 TEL : 02)701-0680
	서울시 영등포구 영신로30길 14, 2층
편 집 인	박종규
등 록 일	2021년 9월 17일
등 록 번 호	제2021-000156호
I S B N	979-11-93838-38-9 03800
가 격	13,000원

본 책은 지은이의 지적재산이므로 무단전재와 복제를 금합니다.